Christian Bilek

eCRM. Kundenbindung im E-Business

Kundenbindung im Internet

GRIN Verlag

Bibliografische Information der Deutschen Nationalbibliothek:

Die Deutsche Bibliothek verzeichnet diese Publikation in der Deutschen National-
bibliografie; detaillierte bibliografische Daten sind im Internet über http://dnb.d-
nb.de/ abrufbar.

Impressum:

Copyright © 2007 GRIN Verlag GmbH
Druck und Bindung: Books on Demand GmbH, Norderstedt Germany
ISBN: 978-3-640-32201-5

Dieses Buch bei GRIN:

http://www.grin.com/de/e-book/126706/ecrm-kundenbindung-im-e-business

GRIN - Your knowledge has value

Der GRIN Verlag publiziert seit 1998 wissenschaftliche Arbeiten von Studenten, Hochschullehrern und anderen Akademikern als eBook und gedrucktes Buch. Die Verlagswebsite www.grin.com ist die ideale Plattform zur Veröffentlichung von Hausarbeiten, Abschlussarbeiten, wissenschaftlichen Aufsätzen, Dissertationen und Fachbüchern.

Besuchen Sie uns im Internet:

http://www.grin.com/

http://www.facebook.com/grincom

http://www.twitter.com/grin_com

eCRM – Kundenbindung im E-Business

Wirtschaftsinformatik

Bachelorarbeit

Inhaltsverzeichnis

Abkürzungsverzeichnis

B2B	Business to Business
B2C	Business to Consumer
CLV	Customer Lifetime Value
CRM	Customer Relationship Management
E-Business	Electronic Business
eCRM	electronic Customer Relationship Management
IT	Informationstechnologie
SCM	Supply Chain Management
USP	Unique Selling Proposition

Abbildungsverzeichnis

1. Einleitung

Die vorliegende Bachelor-Thesis fokussiert sich auf die kontinuierliche Entwicklung des Customer Relationship Managements (CRM) im E-Business.

Des Weiteren wird ausgiebig auf den Kundenwert eingegangen, da dieser für das Unternehmen von großer Bedeutung ist. Den Kundenwert kann man als das Kernziel des CRM betrachten.

Das Wichtigste überhaupt für ein Unternehmen sind seine Kunden.

Das Vertrauen der Kunden in ein Unternehmen und die Beziehung zwischen dem jeweiligen Unternehmen und dem Kunden lassen sich nicht auf die Schnelle aufbauen, sondern brauchen viel Zeit und Geduld.

Die Kunden werden über die Zeit immer anspruchsvoller. Den Anbieter in der heutigen Zeit zu wechseln geht bei einem großen Konkurrenzangebot sehr schnell.

Deshalb ist eine der wichtigsten Strategien die bestehenden Kunden zu halten und nicht an die Konkurrenz abzugeben.

Man sollte dem Kunden das Gefühl geben, dass er bei diesem Unternehmen richtig ist, weil er hier besseren Service und Support als bei der Konkurrenz bekommt.

Einen Kunden über einen längeren Zeitraum an sein Unternehmen zu binden ist um ein Wesentliches günstiger, als einen neuen Kunden zu werben.

Aber man sollte sich auch die andere Seite vor Augen halten:

Was nutzen einem Unternehmen Kunden, die es einfach nicht wert sind, gehalten zu werden.

Diese Bachelor-Thesis wird die aktuellen und preiswerten Instrumente darstellen, die das World Wide Web anbietet, um die Kundenbindung effektiv zu erhöhen.

Es gibt keinen Fleck mehr im Internet, an dem man nicht mit Werbebotschaften konfrontiert wird. Immer mehr müssen sich die Firmen im Internet ins Zeug legen, um im Wettbewerb bestehen zu können.

Deswegen werben immer mehr Unternehmen mit speziellen Bonusprogrammen, die für eine längere Kundenbindung sorgen sollen. Bei solch einem Bonusprogramm werden die Kunden mit Prämiengeschenken für einen Kauf belohnt.

Ein „E-Loyalitätsprogramm" wie es in Fachausdrücken im E-Commerce benutzt wird, gibt dem Verkäufer Informationen über das Kaufverhalten des Kunden und dem Käufer ein Stück mehr Vertrauen.

Da sich fast täglich neue Anbieter in das Internetgeschäft mit einschleusen, und jeder sein Produkt durch Werbemaßnahmen an den Kunden bringen will, wird es erstens schwieriger und zweitens auch noch um einiges teurer, eine entsprechende Aufmerksamkeit zu erlangen. Meistens ist der ganze Aufwand dann umsonst, da der vermeintliche Abnehmer den Überblick verliert.

Ein Erfolg kann nur gewährleistet werden, wenn man die Aufmerksamkeit des Kunden gewinnt.

Um wirklich erfolgreich zu sein, muss die Werbung genau drei Bedingungen erfüllen:

- erwünscht
- persönlich
- relevant sein.[1]

Das Ziel dieser Studienarbeit ist es, die Potentiale des eCRM (electronic Customer Relationship Management) für die Anwendung im Electronic Business (E-Business) herauszukristallisieren. Dabei sollte der Kunde im Mittelpunkt der Betrachtung stehen, weil dem Kundenwert eine große Bedeutung zukommt.

---

[1] Vgl. "o.V. (Spiegel Online)"; Online Marketing Report

2. Begriffdefinitionen zum Thema

Customer Relationship Management (CRM)

In der Literatur lassen sich einige Begriffsdefinitionen zum Begriff CRM finden.

Eine besagt, dass das CRM eine auf den Kunden fokussierte Strategie ist.
Das angestrebte Ziel dieser Managementstrategie ist es, einen Mehrwert für den Kunden zu schaffen. Das Resultat sollte eine bessere Ausschöpfung der Potenziale der Kundenbeziehungen für den Unternehmenserfolg im Gesamten sein.[2]

Eine andere Definition wird am besten mit diesem Zitat beschrieben:

„Das Customer Relationship Management ist eine kundenorientierte Unternehmensphilosophie, die mit Hilfe moderner Informations- und Kommunikationstechnologien versucht, auf lange Sicht profitable Kundenbeziehungen durch ganzheitliche und differenzierte Marketing-, Vertriebs- und Servicekonzepte aufzubauen und zu festigen."[3]

---

[2] Vgl. Rittershofer, W.: Wirtschaftslexikon, 2002, S.223-224
[3] Hippner, H.; Martin, S.; Wilde, K. D.: Costumer Relationship Management, Wiesbaden 2001, S.417

Die folgende Grafik zeigt die Rangliste derjenigen Marketingtrends, die für eine erfolgreiche Kundenbindung sorgen.

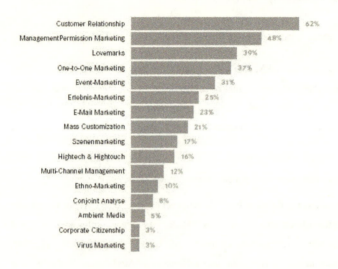

Abbildung 1: Marketingtrends der Kundenbindung [4]

[4] Quelle: Förster, A.; Kreuz, P.: Marketing Trends: Innovative Konzepte für Ihren Markterfolg; 2. Auflage; 2007; http://www.mkt-trends.com/studie/marketingtrends_kundenbindung.gif

Kundenbeziehungsmanagement

Das Kundenbeziehungsmanagement ist darauf aus, die Beziehungen zu den Kunden zu verbessern. Das Management hat als Ziel, die eigenen Kunden vor den Einflüssen der Konkurrenz zu schützen, um ihre Beziehungen untereinander besser festigen zu können. Neben dem Ablauf von Prozessen ist dies einer der Hauptaufgaben dieses Managementbereiches.

Des Weiteren sollte das Anerkennen von treuen Kunden und ihre Wertschätzung zum Ausdruck gebracht werden, um ein perfekt organisiertes Kundenbeziehungs-management zu gewährleisten.[5]

Die folgende Grafik veranschaulicht deutlich aus der Sicht der Kunden die Abgrenzung zwischen Kundenbeziehungs- und Kundenbindungsmanagement.

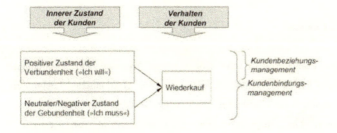

Abbildung 2: Innerer Zustand der Kunden als Abgrenzung zwischen Kundenbeziehungs- und Kundenbindungsmanagement [6]

[5] Vgl. Eggert, A.; Fassott, G.: eCRM – Electronic Customer Relationship Management: Management der Kundenbeziehung im Internet-Zeitalter, Stuttgart 2001, S.89 sowie S.93
[6] Quelle: Fassott, G.: eCRM - Management der Kundenbeziehungen im Internet; http://www.verkauf-aktuell.de/fb0121.htm

Electronic Business:

Das Electronic Business, das über die Zeit immer mehr an Bedeutung gewinnt, ist ein unternehmerischer Prozessablauf, der durch das neue Medium Internet zum Einsatz gebracht wird.

Dabei werden die Prozesse durch die vernetzten Informations- und Kommunikationstechnologien zur Unterstützung und Abwicklung integriert.

Der Erfolg des Electronic Business liegt auf der Hand, da es durch Kosten-reduktionen, Prozeßbeschleunigungen, Qualitätssteigerungen und durch die Erschließung neuer Märkte unersetzlich im Internetgeschäft geworden ist.

Das Electronic Business hat für jedes Anwendungsproblem, dass im Intranet, Extranet oder auch im Internet anfällt, die besten Lösungen, da es innovative Technologien zum Einsatz bringt. E-Commerce ist der Baustein des Electronic Business, das den Handel von Produkten und Dienstleistungen unterstützt.[7]

Electronic Commerce:

„Electronic Commerce ist ein Konzept zur Nutzung von bestimmten Informations- und Kommunikationstechnologien zur elektronischen Integration und Verzahnung unterschiedlicher Wertschöpfungsketten oder unternehmens-übergreifender Geschäftsprozesse und zum Management von Geschäfts-beziehungen."[8]

Die Kosten der Geschäftsprozesse innerhalb des Unternehmens können durch die enorme Nutzungen anhand der elektronischen Medien stark gesenkt werden.

Dies würde den Gewinn steigern, da nicht mehr so viele Kosten anfallen werden.

---

7 Vgl. "o.V. (Frauenhofer-Gesellschaft)"; Electronic Business Innovationszentrum
8 "o.V. (Webagency)"; Electronic Commerce Informationspool

3. Electronic Customer Relationship Management

3.1 Definition des Begriffs eCRM

Das eCRM ist eines der meistdiskutierten Schlagwörter der aktuellen Marketingpraxis. Für die Zukunft wird das eCRM eine noch größere Bedeutung erlangen als es jetzt schon der Fall ist.

Man kann sagen, dass das eCRM eine Ergänzung im Instrumentarium der Marketingfunktion ist, das sich hauptsächlich mit den elektronischen Möglichkeiten des Managements von Kundenziehungen beschäftigt.

Weiterhin bezeichnet man es als eine umfassende Unternehmensphilosophie, die die Ausrichtung des Unternehmens auf den Kunden zum Ziel hat, und die ohne informations-technologische Unterstützung nicht zu realisieren scheint.[9]

"eCRM umfasst die Analyse, Planung und Steuerung der Kundenbeziehungen mit Hilfe elektronischer Medien, insbesondere des Internet, unter dem Ziel einer umfassenden Ausrichtung des Unternehmens auf ausgewählte Kunden."[10]

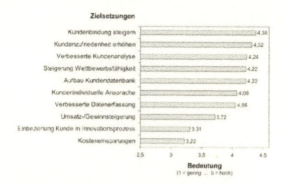

Abbildung 3: Die Ziele bei eCRM-Projekten[11]

---

[9] Vgl. Eggert, A.; Fassott, G.: eCRM – Electronic Customer Relationship Management: Management der Kundenbeziehung im Internet-Zeitalter, Stuttgart 2001, S.4

[10] Eggert, A.; Fassott, G.: eCRM – Electronic Customer Relationship Management: Management der Kundenbeziehung im Internet-Zeitalter, Stuttgart 2001, S.5

[11] Quelle: Fassott, G.: eCRM - Management der Kundenbeziehungen im Internet; http://www.verkauf-aktuell.de/images/0121ab01.gif

3.2 Die Vorteile des eCRMs

Die wesentlichen Vorteile, die das eCRM dem Anwender bietet, sind der Anspruch auf Aktualität, der Verfügbarkeitsgrad und der Interaktionsgrad.

Die Vorteile aus unternehmerischer Sicht liegen dagegen in der Automatisierung der Prozesse. Von der finanziellen Seite her gesehen könnten die größten Vorteile für ein Unternehmen bei den Kosteneinsparungen verbucht werden, da diese durch standardisierte Prozesse, wie z.B. der Verkaufsabwicklung und der Abstimmung diverser Kundenbindungsaktivitäten, realisiert werden können. Im Fachterminus nennt man dieses finanzielle Vorgehen „Econmies of Scope".[12]

Ein Vorteil des eCRMs gegenüber dem klassischen CRM ist es, den Kunden in einer vertrauten Form anzusprechen, sofern man über kundenspezifisches Wissen verfügt.

Einer der Punkte, warum das so ist, sind die wenig vorhanden Customer Touch Points, die allesamt auf der Informations- und Kommunikationstechnologie basieren. Das Resultat dieses Vorgehens sind vor allem die schnell erzielten Anpassungen an die Kunden.

---

[12] Vgl. Meffert, Heribert: Marketing: Grundlagen marktorientierter Unternehmensführung, 9. Auflage, Wiesbaden 2000, S. 250

3.3 Der Aufbau eines eCRM-Systems

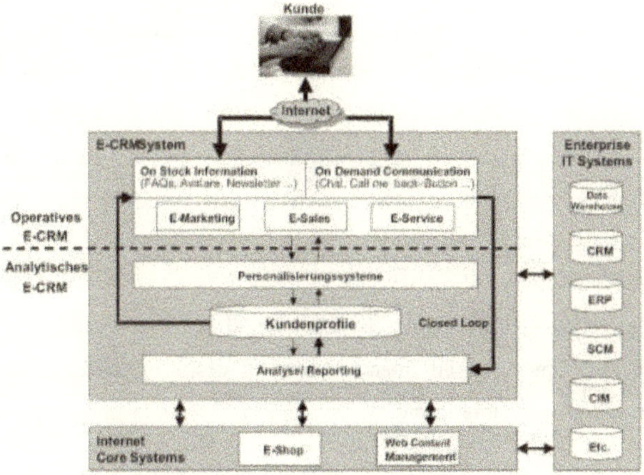

Abbildung 4: Der Aufbau eines eCRM-Systems [13]

Die Abbildung zeigt den Aufbau eines solchen eCRM und die Integration in einer elektronischen Geschäftsumgebung.

Nun werden die eher großen Differenzen zwischen eCRM und CRM angesprochen, da sich beide Systeme im Prinzip sehr ähneln. Sehr deutlich wird dies, da das kommunikative eCRM weniger Kommunikationskanäle an den Customer Touch Points besitzt und bereitstellt als das normale CRM.

Durch die Customer Touch Points können Interessenten-Verkäufer-Beziehung aufgebaut werden. Die Systematik dieser Customer Touch Points ist sehr interessant, da zum Einen eine zielgenaue Ansprache und Betreuung der Bestandskunden erfolgt und sie zum Anderen zur Neukundengewinnung beitragen.

---

[13] Quelle: Frielitz, C.; Hippner, H.; Wilde, K. D.; Aufbau und Funktionalitäten von eCRM-Systemen; http://www.symposion.de/ecrm-hb/e-crm-26.htm

Was neu dazu gekommen ist, sind die Virtual Communities. Sie eignen sich besonders gut, um Meinungen oder eigene Erfahrungen austauschen zu können, da sie einen virtuellen Treffpunkt gleicher Interessen darstellen. Integriert eine Gesellschaft einen derartigen virtuellen Treffpunkt, so ist eine rundum Unterstützung des Kundenbeziehungsprozesses für das eCRM die Folge.[14]

Die Virtual Communities sollten in jeder Hinsicht unterstützt werden, da sie für eine erfolgreiche Kundenbeziehung und für den Aufbau von Wechelbarrieren beim Kunden sorgen.

Einer der vorteilhaftesten Aspekte ist, dass die Virtual Communities zum Einen zur Förderung eines starken Interaktionsgrades des Kunden führen und zum Anderen zeitlich unbestimmt sind.

Es gibt verschiedene Bereiche des eCRM. Ein Bereich davon ist der Operative, der das Marketing, den Service und den Commerce umfasst. Seine Aufgaben bestehen im Wesentlichen darin, dem Kunden ein erwünschtes, erwartetes und relevantes Angebot zu unterbreiten. Dieser Aufgabenbereich wird auch Permissions Marketing genannt. Ein großer Vorteil dabei ist, dass er aufgrund von SPAM, Pop-Ups und anderen ähnlichen Masseninitiativen besonders dazu neigt, sensibel auf ungewollte Marketingaktionen zu reagieren.[15]

Ein weiterer positiver Ansatz des eCRM ist das Voranstellen eines Content für den Commerce. Dieser führt dazu, dass überhaupt ein Kauf oder Verkauf auf der jeweiligen Website im B2C-Geschäft zustande kommt, da er für die Produkt- und Unternehmensinformationen sorgt.

---

[14] Vgl. Wirtz, B. W.: Kundenbindung durch E-Customer Relationship Management, in: Bruhn, M.; Homburg, C. (Hrsg.): Handbuch Kundenbindungsmanagement,,4. Auflage, Wiesbaden 2003, S. 380.
[15] Vgl. Godin, S.: Permission Marketing, 2001, S. 65 ff.

Bei der synchronen Datenerfassung kommen einige größere Differenzen zustande, da bei eCRM alle gesammelten Daten, wie auch beim analytischen CRM, im Data Warehouse gespeichert werden.[16]

Bei der Speicherung werden die Daten in einem Standardformat gesammelt. Die standardisierte Form soll dem Data Mining und den Profilings zu Gute kommen. Das Data Mining, das man als ein „subsumiertes Verfahren" betrachten kann, ist für die Untersuchung großer Datenbestände nach wertvollen Informationen zuständig.[17]

Das Profiling ist für den nächsten Schritt, der nach dem Data Mining anfällt, zuständig. Nämlich für das Erstellen und Pflegen der individuellen Nutzerprofile. Die Ergebnisse die daraus entstehen, werden zur Personalisierung der Nutzerprofile benötigt.[18] Als Folge dessen wird ein personalisiertes Feedback erstellt.

Der kollaborative Bereich des eCRM, so wie er zwischen seinen B2B-Partnern angelegt ist, findet in Form von einer kollaborativen Zusammenarbeit auf einer netzwerkbasierten und gesicherten Plattform statt.[19]

---

[16] Vgl. Gentsch, P.: Kundengewinnung und –bindung im Internet, in: Schögel, M.; Schmidt, I. (Hrsg.): eCRM mit Informationstechnologien Kundenpotenziale nutzen, 2002, S. 158
[17] Vgl. Wirtz, B. W.: Kundenbindung durch E-Customer Relationship Management, in: Bruhn, M.; Homburg, C. (Hrsg.): Handbuch Kundenbindungsmanagement,4. Auflage, Wiesbaden 2003, S. 379
[18] Vgl. Gentsch, P. : Kundengewinnung und –bindung im Internet, in: Schögel, M.; Schmidt, I. (Hrsg.): eCRM mit Informationstechnologien Kundenpotenzialenutzen, 2002, S. 158 ff.
[19] Vgl. Wirtz, B. W.: Electronic Business, 2. Auflage, Wiesbaden 2001, S. 34

4. Kundenbindung

4.1 Begriffserklärung

Eines der Marketingziele, die bei der Kundenbindung angesprochen werden, geht von den positiv einwirkenden Einflüssen aus.

Im CRM sieht man die Kundenbindung als zentrales Handlungsobjekt an.

Das Management kann nur für eine erfolgreiche, lang andauernde Kundenbindung sorgen, wenn das präzise Verständnis die wichtigste Vorgehensweise ist. [20]

Einer der wesentlichen Aspekte der erfolgreichen Kundenbindung ist die Zufriedenheit des Kunden, in der die bisher genannten Punkte zum Tragen kommen.

Der Internetauftritt ist eine der notwendigsten Strategien, um im Internet Kundenbindungen aufbauen zu können. Deshalb sollte dieser professionell und mit höchster Wichtigkeit umgesetzt werden, da die Zufriedenheit und die Erwartungen der Kunden gedeckt werden müssen. Der Internetauftritt muss oder sollte durch Konzeption, Navigation, Gestaltung und Inhalt ausführlich charakterisiert sein.

Die Kundenbindung kann auf eines der idealsten Instrumente zurückgreifen, nämlich dem CRM. Dieses versucht die Prozesse des Unternehmens möglichst präzise an die Erwartungen der Kunden anzupassen. In Kapitel 4.2 werden die Instrumente der Kundenbindung angesprochen, da diese einer der unerlässlichen Komponenten des CRM sind.

---

[20] Vgl. Meffert, Heribert: Marketing: Grundlagen marktorientierter Unternehmensführung: Konzepte – Instrumente – Praxisbeispiele, 8. Auflage, Wiesbaden 1998, S. 860

4.2 Instrumente der Kundenbindung

Individualisierung / Personalisierung

Um den Kunden das Gefühl von Treue zu vermitteln, ist die Individualisierung ein wesentlicher Bereich, der durch das CRM angeboten wird. Die Nachfrage steigt stetig, da die Angebotsauswahl nicht zu sinken scheint. Um diese Information auch dem Kunden zu übermitteln, werden sie via eMail (Newsletters) versendet.

Das hat zur Folge, dass der Unternehmensaufwand, der gegenüber dem Kunden aufgebracht werden müsste, sinkt.

Ein Kunde kann nur die vollste Zufriedenheit ausstrahlen, wenn er sich stets betreut fühlt. Eine solche Personalisierung, wie sie auch zum Beispiel Amazon ins Internetgeschäft eingeführt hat, kann auf Dauer sehr hilfreich sein.

Auf der anderen Seite sollte sie aber auch von dem Kunden erwünscht sein und ihm das Gefühl geben, etwas besonders zu sein, damit er dann schlussendlich auf das bereitgestellte Angebot des Unternehmens eingeht.

Ob eine Personalisierung aber wirklich erfolgreich ist, hängt vom Kunden ab.

Erfahrungen belegen, dass solch eine Personalisierung sehr erfolgreich und umsatzfördernd ist, weil das Unternehmen speziell auf die Wünsche der Kunden eingehen kann und für sie das erwartete Angebot bereitstellt. In den meisten Fällen sollte man auf die offensichtlichen Merkmale verzichten, wie z.B. eine persönliche Namensansprache. Die Personalisierung darf dem Kunden nicht das Gefühl vermitteln, kontrolliert oder gar beobachtet zu werden. Falls der Kunde auf den Zusatznutzen eingeht, der durch die gezielte Ansprache und Präsentation von Information entsteht, bildet sich ein Service Level.[21]

[21] Vgl. Kreuz, P.; Förster, A.; Schlegelmilch, B. B.; Customer Relationship Management im Internet. Grundlagen und Werkzeuge für Manager

Communities

Communities, im Deutschen auch besser bekannt als Gemeinschaften, sind Kundenclubs, die für die Heranführung der Kunden an das jeweilige Unternehmen zuständig sind. Der Kunde soll sich dadurch besser mit dem Unternehmen identifizieren können. Der Vorteil dieser Kundennähe soll durch Folgekäufe gekennzeichnet sein und zu einer positiven Mund zu Mund Propaganda führen. Der Kunde soll erkennen, dass ihm seine Mitgliedschaft einen Vorteil gegenüber Nichtmitgliedern verschafft.

Der enge Kontakt zwischen dem Unternehmen und den Kunden soll sicher-gestellt werden. Falls der Kunde oder das Unternehmen selbst in Kontakt treten wollen, sollte dieser einfach herzustellen sein.[22]

Loyalitätsprogramme

Das begehrteste Kundenbindungsinstrument, das auch nochmals im Kapitel 7 ausführlich dargestellt wird, ist das Loyalitätsprogramm.

Hier wird der Kunde vom Unternehmen durch Treuepunkte für seinen Einkauf belohnt. Diese Punkte kann er ansparen und durch ein Treueprodukt seiner Wahl mit der gewissen Summe, die dafür benötigt wird, eintauschen.

Das Punktekonto wird nicht durch den Kauf bei der Konkurrenz erhöht, deswegen bleibt der Kunde dann auch meist bei der gleichen Gesellschaft. Es gibt viele Optionen solcher Loyalitätsprogramme, die im Internet auch Online-Bonusprogramme oder auch E-Loyalitätsprogramme genannt werden.[23]

---

[22] Vgl. Hünerberg, R.; Heise, G.; Mann, A.: Handbuch Online-Marketing: Wettbewerbsvorteile durch weltweite Datennetze; Landsberg/Lech 1996, S.165
[23] Vgl. Kreuz, P.; Förster, A.; Schlegelmilch, B. B.; Customer Relationship Management im Internet. Grundlagen und Werkzeuge für Manager

Online-Beratung

Jedes Unternehmen sollte bei seinem Internetauftritt einen Beratungsservice auf seiner Seite anbieten, auf der die meistgestelltesten Fragen und deren Antworten (FAQ - Frequently Asked Questions) aufgelistet sind.
Hierzu müssen dem Kunden die benötigten relevanten Informationen zur Verfügung gestellt werden, die ihm das Gefühl geben, die passende Antwort auf seine Frage zu bekommen. Der Einsatz des eCRMs würde sich besonders gut dafür eignen, da es für eine gute Unterstützung und Beschleunigung der Beratung sorgen kann.

Online-Schulungen

Die Online-Schulungen können, wenn sie erstmal erstellt sind, einige Vorteile aufweisen, da keine weiteren Kosten für sämtliche Weiterbildungen und deren Aktivitäten für einen Kunden anfallen.
Des Weiteren können Online-Schulungen auch ohne Terminvereinbarungen durchgeführt werden. Sie können zu jeder Zeit und an jedem beliebigen onlinefähigen Rechner, durchgeführt werden. Die Schulung ist so oft wiederholbar wie es benötigt wird.

Wechselbarrieren

Eine Wechselbarriere, die wirtschaftlich entwickelt ist, dient einer defensiven Kundenbindung. Ihr Ziel sollte sein, bei treuen und zufriedenen Kunden ein gewisses Wechselhemmniss aufzubauen.
Ein Wechselhemmniss könnte unter anderem die Gewöhnung an eine Internetumgebung sein. Aber auch auf die Erfahrung des Kunden und somit schnellere Suchinformationsergebnisse, könnte aufgebaut werden.

Für den Convenience-Shopper ist der schnelle und einfache Interneteinkauf wichtiger als der Preis. Bei preissensiblen Kunden dagegen können Online-Coupons, Rabatte, Bonussysteme und Sonderangebote zu Wechselbarrieren ausgebaut werden. [24]

Vertraglich organisierte Wechselbarrieren steigern die Bindung zum Unternehmen enorm, werden aber meistens als schlecht empfunden und dadurch nicht eingegangen.

Feedback

Die allgemeine Meinung über das Unternehmen dient zur Vermarktung des eigenen Produktes.

Deswegen ist es von sehr hoher Bedeutung Marktforschungen durchzuführen. Mit Hilfe dieser Ergebnisse lassen sich Fehler frühzeitig beheben, aber auch die Zufriedenheit des Kunden messen. Diese Informationen sind Grundlage um neue Entscheidungen treffen zu können.

Einer der wichtigsten Aspekte ist es, auf schlechte Kritik schnellstmöglich zu reagieren, um sich am Markt wieder durch ein positives Erscheinungsbild zu präsentieren, da unzufriedene Kunden sich von dem Unternehmen abwenden würden.

Zahlung

Die Zahlungen, die durch einen Kauf getätigt werden, sollen in erster Linie unkompliziert sein und eine gewisse Sicherheit aufweisen. Der Kunde sollte mehrere Zahlungsmöglichkeiten zur Auswahl haben. Dabei sollten nur die Informationen des Kunden eingeholt werden, die für diese Transaktion notwendig sind.

---

[24] Vgl. Kreuz, P.; Förster, A.; Schlegelmilch, B. B.; Customer Relationship Management im Internet. Grundlagen und Werkzeuge für Manager

Online-Kundenservice als Teil der Servicepolitik

Ein erfolgreicher Kundenservice sollte die folgenden drei wichtigsten
Charaktereigenschaften beinhalten:
Er sollte erstens freiwillig sein, zweitens unentgeltlich und drittens einen
Zusatzcharakter besitzen. Um den Kunden ein gutes zufriedenes Gefühl zu geben,
muss das erworbene Produkt oder die Dienstleistung ohne Störungen einsatzfähig
sein. Für ein gesundes Verhältnis zwischen dem Kunden und dem Unternehmen
ist das Vertrauen einer der wichtigsten Punkte überhaupt, um für eine lange und
erfolgreiche Kundenbindung zu sorgen. Falls der Kunde Support benötigt, dann
sollte er ihn auch genau von dem Unternehmen erhalten, bei dem er das Produkt
gekauft hat.[25]
Hierfür ist das Internet ein hervorragend geeignetes Medium, da die
Antwortzeiten erheblich geringer sind, und der betreute Kunde somit die
benötigten Informationen und die Hilfe auf dem schnellsten Weg erhält. Falls es
doch zu einer Reklamation kommen sollte, müsste dies auf dem klassischen Weg
geregelt werden. Um dem Kunden die vollste Zufriedenheit zu bieten, kann man
schlussendlich sagen, dass der Kunde die schnelle, unkomplizierte Art
bevorzugen wird. Wenn das Unternehmen dies seinen Kunden bietet, steht einer
erfolgreichen Kundenbeziehung nichts mehr im Wege. Das Ergebnis, das dadurch
erzielt wird, ist ein gesundes Vertrauensverhältnis.
Der Anfang jeder Kundenbeziehung ist es, dem Kunden den Glauben zu geben,
dass das Unternehmen, für das er sich entschieden hat, das Richtige für ihn ist.
Die weiteren Schritte wären es, die Kundenbeziehungen konsequent über die Zeit
zu pflegen und aufzubauen.

---

[25] Vgl. Meffert, H.: Marketing: Grundlagen marktorientierter Unternehmensführung: Konzepte –
Instrumente – Praxisbeispiele 8. Auflage, Wiesbaden 1998

5. Der Kundenwert

5.1 Begriffserklärung

Eine erfolgreiche Kundenbeziehung ist gegeben, wenn zwei Bedingungen erfüllt sind:

Zum einen muss die Beziehung des Kunden einen möglichst hohen Wert besitzen und zum anderen muss erfüllt sein, dass die Durchführung der Beziehung möglichst effizient gestaltet wird. Dies ist gegeben, wenn der Ressourceneinsatz zum Vollzug der Beziehung sich am Kundenwert orientiert.[26]

Im nächsten Kapitel wird die Bedeutung des Kundenwertes und die verschiedenen Bewertungsverfahren eines Kunden dargestellt.

Die Grafik zeigt, welche Größen eine besonders große Rolle für den Kundenwert spielen.

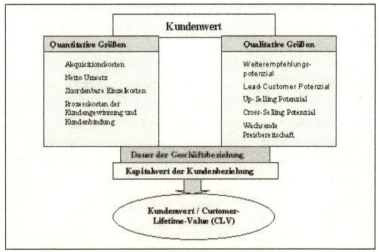

Abbildung 5: Indikatoren der Kundenwerte im CLV [27]

---

[26] Vgl. Neckel, P.; Knoblauch, B.: Customer Relationship Analytics, 1. Auflage, Heidelberg 2005, S. 7
[27] Quelle: Hofmann, M., Mertiens, M.; "Customer-Lifetime-Value-Management"; Wiesbaden 2000, S. 143

5.2 Die Loyalitätskette des Kundenwertes

Für eine kundenorientierte Unternehmensausrichtung ist die Loyalitätskette des Kundenwertes eine hervorragende Richtlinie.

Das primäre Ziel ist es, diese erkennen zu können und um damit eine Steigerung des Unternehmenswertes zu erreichen. Die Abbildung spiegelt den Aufbau einer solchen Loyalitätskette des Kundenwertes wider.

Abbildung 6: Loyalitätskette des Kundenwertes [28]

Man sollte sich als Unternehmer die Frage stellen, wann fängt ein solcher profitabler Kundennutzen an. Nämlich dann, wenn die Verwendung eines Produktes zur Lösung eines Problems des Kunden beiträgt. [29]

Somit kann man sagen, dass ein profitabler Kundennutzen gegeben wäre, wenn der Kunde durch seinen Einkauf und durch den Einsatz des Produktes, Geld, Zeit und Energie sparen kann. Oder aber, wenn ihm Erwerb und Nutzen des Produktes Zufriedenheit und Freude geben.

---

[28] Quelle: Eigenanfertigung durch Inspiration von "o.V. (MWM Group)":
Kundenzufriedenheitsstudie
[29] Vgl. Neckel, P.; Knoblauch, B.: Customer Relationship Analytics, 1. Aufl., Heidelberg 2005, S. 7

Die Grundlage eines solchen Nutzens bildet die Basis der Wirkungskette.

Der Interessent kann nur zu einem Kunden eines Unternehmens werden, wenn er den Mehrwert des Produktes gegenüber dem Konkurrenten sieht, um dieses Produkt schlussendlich kaufen zu wollen. Der Kunde vergleicht meist vor seinem Kauf das Konkurrenzangebot. Und nur wenn das Produkt in seinen Augen ein einzigartiges und unverwechselbares Leistungsangebot schafft, wird er sich dafür entscheiden. Den dadurch entstandenen Kundennutzen nennt man Unique Selling Proposition (USP).[30]

Ein USP könnte z.B. eine bessere Qualität oder ein günstigerer Preis als Vorteil beinhalten. Eines der verschiedenen aktuellen Produkte an den etlichen vielen Märkten wird abgegrenzt, da die notwendige Differenzierung durch Zusatzaspekte zustande kommt. Dies könnte z.B. gegeben sein, wenn zusätzliche Serviceleistungen geboten oder besondere ansprechende Produktdesigns entworfen werden. Dieser Grundnutzen stellt einen so genannten Hygienefaktor dar. Dieser Hygienefaktor weist genau die Eigenschaften und Vorteile auf, die ein Produkt besitzen muss. Alleine der Grundnutzen reicht jedoch für eine erfolgreiche Kundenbeziehung nicht aus, sondern es spielen auch noch andere Gegebenheiten eine große Rolle.[31]

Die Zufriedenheit des Kunden ist dann erfüllt, wenn er einen Folgekauf tätigt. Bei Unzufriedenheit würde er sich für ein Konkurrenzprodukt entscheiden.

Die Zufriedenheit des Kunden, die an erster Stelle eines Unternehmens steht, ist gegeben, wenn der Kunde auch weiterhin die Produkte kauft und durch eine positive Mund zu Mund Propaganda zur Weiterverbreitung der Produkte beiträgt.

---

[30] Vgl. Meffert, H.: Marketing: Grundlagen marktorientierter Unternehmensführung, 9. Aufl., Wiesbaden 2000, S. 711.
[31] Vgl. Hippner, H. ; Martin, S. ; Wilde, K. D.: Customer Relationship Management – Strategie und Realisierung, in: Frielitz, C. ; Hippner, H. ; Martin, S. ; Wilde, K. D. (Hrsg.): CRM, Absatzwirtschaft, Düsseldorf 2002., S. 31.

Auf der anderen Seite wäre das Ungünstigste für ein Unternehmen die Unzufriedenheit des Kunden. Unzufriedenheit wäre z.B. gegeben, wenn Beschwerden oder auch Abwendungen gegen eine erfolgreiche Kundenbeziehung sprechen, mit der Konsequenz, dass der Kunde sich dem Konkurrenzprodukt zuwendet. Eine Studie belegt, dass Käufer im Durchschnitt eher von negativen Erfahrungen sprechen, anstatt von positiven. [32]

Wenn beide Voraussetzungen des Kundennutzens verwirklicht werden können, kann ein langfristiges und stabiles Konstrukt ins Spiel kommen, die Kundenloyalität. Die Kundenloyalität entsteht, wenn ein Wiederkauf zustande kommt, der nicht aus Zufall entstanden ist, und wenn positive Einstellungen dem Anbieter gegenüber zum Ausdruck gebracht werden. [33]

Die verschiedenen Formen der Kundenloyalität erschweren einem Unternehmen diese jedoch greifbar zu machen, um je nach Ausprägung ein entsprechendes Resultat anzuvisieren. So könnte ein Kunde zwar einen hohen Wiederkaufsgrad aufweisen, aber ein negatives Bild besitzen. Eine andere Form wäre die latente Loyalität, die einen Kunden positiv gegenüber dem Anbieter darstellt, diese jedoch nicht mit einem tatsächlichen Wiederkaufverhalten bestätigt. [34]

Diese Konstellationen weisen dem Kundenwert eine enorme Problematik zu. Diese Problematik nennt man auch Variety-Seeking-Behavior. Sie besagt, dass Konsumenten selbst bei Zufriedenheit in gewissen zeitlichen Abständen auf der Suche nach Abwechslungen sind. [35]

Einer der wahrscheinlich besten Lösungsvorschläge wäre es, eine neue Ausrichtung auf den Kunden zu entwickeln, und die Kundenbeziehungs-maßnahmen nochmals hinsichtlich problematischer Kunden zu überdenken.

---

[32] Goodman, J.: Basic Facts on Customer Complaint Behavior and the Impact of Service on the Bottom Line, 1999, S. 2.
[33] Vgl. Neckel, P. ; Knobloch, B.: Customer Relationship Analytics, 1. Aufl., Heidelberg 2005, S. 13.
[34] Vgl. Neckel, P. ; Knobloch, B.: Customer Relationship Analytics, 1. Aufl., Heidelberg 2005, S. 15.
[35] Meffert, H.: Marketing: Grundlagen marktorientierter Unternehmensführung, 9. Auflage, Wiesbaden 2000, S. 851 ff.

Der Customer Value, im Deutschen auch besser bekannt als Kundenwert, trägt zur Steigerung des Unternehmenswertes bei. Dabei spielen im Besonderen zwei Aspekte bei der Beeinflussung des Customer Value eine große Rolle:
Zum einen das Unternehmen und zum anderen das Verhalten des Kunden.

Eine sehr passende Definition des Wortes Kundenwert ist die, die sagt, dass der Kundenwert als ein „Maßstab für die wahrgenommene ökonomische Gesamt-bedeutung eines einzelnen Kunden oder einer Kundengruppe aus Anbietersicht" ist.[36]
Aus wirtschaftlicher Sicht sind alle direkten und indirekten Wertbeiträge des Kunden gemeint. Die Aufbesserung des Kundenwertes selbst steigert den Ertragswert von Unternehmen und trägt somit zur Erhöhung des Unternehmenswertes bei. Deshalb wird der Begriff Customer Value in der englischen Literatur meist als Kundennutzen definiert. Als der Nutzen, der dem Kunden bei der Verwendung eines Produktes entsteht.[37]

5.3 Kundenbewertungsverfahren

Zu den im Kapitel zur Geltung gebrachten Abläufen und Begrifflichkeiten ist schlussendlich zu sagen, dass der Kundenwert eine enorme Bedeutung für den Unternehmenswert besitzt.
Der Kundenwert kann durch verschiedene Arten des Kundenbewertungs-verfahrens aussagekräftig dargestellt werden.

---

[36] Vgl. Neckel, P.; Knobloch, B.: Customer Relationship Analytics, 1. Aufl., Heidelberg 2005, S. 17.
[37] Vgl. Bligh, P.; Turk, D.: CRM Unplugged: Releasing CRM's Strategic Value, Hoboken; New Jersey 2004, S. 35 f, S. 211.

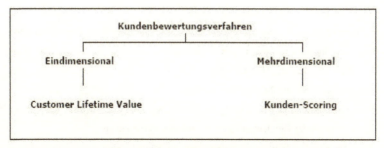

Abbildung 7: Methodenüberblick zu Kundenbewertungsverfahren [38]

Das Customer Lifetime Value ist ein eindimensionales Bewertungsverfahren, das der Ermittlung des Kundenwertes dient. Es stellt den Faktor des Kundenwertpotentials in den Vordergrund.

Die durchschnittliche Lebensdauer der Kundenbeziehung ist notwendig für die Berechnung, da sie aus kumulierten und diskontierten Deckungsbeiträgen besteht.

Ein wesentlicher Vorteil ist es, dass sie die zu erwartenden Einnahmen und Ausgaben berechnet, sie diese aber nie vergangenheitsorientiert ermittelt.

Ein minimaler Nachteil ist aber der, dass das Berechnen der Ausgaben, die die Kunden getätigt haben, nicht in detaillierter Form dargestellt werden kann, da z.B. Akquisitionskosten und Kosten für Werbemaßnahmen höchstens geschätzt werden können.

Neben dem eindimensionalen Bewertungsverfahren gibt es auch ein mehr-dimensionales Bewertungsverfahren, das auch zur Ermittlung des Kundenwertes benötigt wird. Bei diesem Bewertungsverfahren, das auch Kunden-Scoring genannt wird, werden die Wertschätzungen eines Kunden mit Hilfe eines Zahlenwertes wiedergegeben.

Um eine gute Vergleichbarkeit zu gewährleisten, ist es wichtig, dass die verschiedenen Skalenherkunften nicht vermischt werden, da dies bei einem mehrstufigen Bewertungsprozess nicht zum Erfolg führen würde.[39]

---

[38] Quelle: Eigene Anfertigung (2007)

Die Aufgabe des Kunden-Scorings besteht in der Berechnung der Wahrscheinlichkeit, mit der ein Ereignis, wie z.B. der Kauf eines Produktes, eintreten kann, um danach gezielt dem wahrscheinlichsten Käufer die Ware anbieten zu können. Gerade dies kann durch das CRM-Maxim mit den langfristigen Kunden durchgeführt werden.

Das Kunden-Scoring kann stetig verbessert werden, weil es über den ganzen Lebenszyklus der Kundenbeziehung verwendet werden kann.

Um die Kunden erfolgreich einschätzen zu können, sind besondere Faktoren ausschlaggebend, wie z.B.:

Risikomerkmale, Bonität, Region, Soziodemografie.

Um das Scoring zu steigern, dienen eigene langfristige Erfahrungen, die dem Kunden helfen sollen, eine erwünschte Verbesserung zu erreichen, wie z.B. Schadenhistorie, Zahlungsverhalten, Cross-Selling Potentiale und das Maß an Kundenloyalität.

[39] Köhler, R.; Kundenorientiertes Rechnungswesen als Voraussetzung des Kundenbindungsmanagements, Wiesbaden 2003, S. 404 f.

6. Der Marketing-Mix im Internet

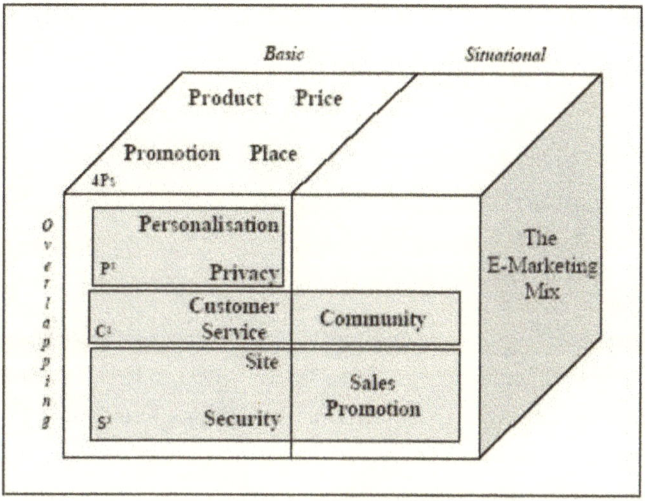

Abbildung 8: Der E-Marketing Mix [40]

6.1 Produktpolitik

Die Produktpolitik wird an erster Stelle dieser Aufzählung angesprochen, da sie zu den wichtigsten Punkten des E-Marketing-Mixes gehört.

Im Fokus der Preispolitik steht immer noch die marktgerechte Gestaltung der Leistungen eines Unternehmens, was sich auch in der nächsten Zeit nicht ändern wird. [41]

Die Gestaltung der Produktpolitik wurde sehr stark durch das Internet beeinflusst. Ihre primäre Aufgabe ist es, die Erwartungen der Kunden in das Produkt so einfließen zu lassen, damit der Kunde die vollste Zufriedenheit erfahren kann.

---

[40] Quelle: Kalyanam and McIntyre; The E-Marketing Mix
http://www.arraydev.com/commerce/JIBC/2005-08/figure5.jpg
[41] Vgl. Fritz, W.: Internet Marketing, Braunschweig 2001, S.186

Man sagt nicht umsonst, dass die Produktpolitik das Herzstück des Marketings ist.[42] Der Sinn der Produktpolitik ist es, sich von seinen Konkurrenten abzusetzen, um sich somit erfolgreich am Markt zu etablieren. Zielsetzung ist es, das eigene Angebot zu einem Gut eigener Art zu machen.

6.2 Preispolitik

Die Einflussfaktoren bei der Gestaltung der Preise sind ein wesentlicher Teil der Preispolitik.

Im Sinne der Preispolitik werden u.a. die Preissenkungen als absatzförderndes Instrument betrachtet, die der Marketing-Mix im Internet zu bieten hat. Auch die Preispolitik wurde durch die Interneteinführung sehr stark beeinflusst. Ebenso ist der Erfolg einiger Internet-Angebote auf die neuen Marktoptionen, die das Internet anbietet, zurückzuführen.

Unter anderem sind die Entscheidungen über die Bedingungen und Möglichkeiten des Produktendwertes, die in der Preispolitik getroffen werden müssen, ausschlaggebend. Die Einflussfaktoren der Preispolitik haben die Aufgabe, die kurzfristigen Preiskalkulationen wiederzugeben.[43]

---

[42] Vgl. Meffert, H.: Marketing. Grundlagen marktorientiertes Umweltmanagement, 9.Aufl., Wiesbaden 2000, S.327
[43] Vgl. "o.V. (Der Marketing-Marktplatz)"; Preispolitik – Grundwissen zum Marketing

6.3 Kommunikationspolitik

Die Kommunikationspolitik ist der Teil des Internetmarketings, der für die Marketingabwicklung zuständig ist.

Im Fokus stehen die Werbemaßnahmen, die im Internet eingesetzt werden. Verkaufsförderung, Public Relations, Sponsoring, Placements und Event-Marketing spielen dabei eine große Rolle. Die Untersuchung der neuen Instrumente der Kommunikationpolitik werden virtuelle Communities sowie die virtuellen Messen sein.[44]

6.4 Distributionspolitik

Die Distributionspolitik erfasst alle Faktoren, die beim Durchlauf der Leistungen vom Hersteller bis zum Endkunden notwendig sind.[45]

Des Weiteren fokussiert sich die Distributionspolitik auf die Untersuchung, in welcher Art sich das Internet auf die Absatzwege (Absatzkanäle), die physische Distribution der Güter und den persönlichen Verkauf, auswirkt.[46]

Zwei wesentliche Gebiete sind hierbei zu unterscheiden:

- Akquisitorische Distribution (Wahl der Absatzwege bzw. der Akquisitionsmethode)
- Physische Distribution (Marketinglogisitik)

---

[44] Vgl. Kaldasch, J.; IT-Infothek: Betriebswirtschaftslehre (Marketing), Distributionspolitik (Vertriebspolitik), Kommunikationspolitik
[45] Vgl. Meffert,H.: Marketing. Grundlagen marktorientierter Unternehmensführung, 9.Aufl.,Wiesbaden 2000, S.600
[46] Vgl. Kaldasch, J.; IT-Infothek: Betriebswirtschaftslehre (Marketing), Distributionspolitik (Vertriebspolitik), Kommunikationspolitik

7. Loyalitätsprogramme im Internet

7.1 Einführung

Die Kundenbindung ist eine der wichtigsten Marketingstrategien überhaupt. Deshalb versucht man, seine Kunden langfristig an das jeweilige Unternehmen oder Produkt zu binden. Und dies funktioniert am besten mit einem Loyalitätsprogramm, da dies bei den immer flexibleren Online-Märkten besonders wichtig ist.

Das primäre Ziel dieser Kundenbindungsstrategie ist es, die Kunden an das eigene Produkt langfristig zu binden, um erstens den Absatz zu steigern und zweitens den Unternehmenserfolg zu erhöhen.

Da zurzeit sehr viele Anbieter im Internetgeschäft um die Gunst der Kunden konkurrieren, ist eine ganz wesentlich Grundlage die Kundenbindung, da sie für eine langfristige Bindung der Kunden sorgt und zur die Steigerung des Unternehmenswertes beiträgt.

Es ist schwieriger und auch noch um einiges teurer über andere Wege eine entsprechende Aufmerksamkeit des Kunden zu erlangen.

Einer der wichtigsten Voraussetzungen um eine erfolgreiche Kundenbindung aufzubauen, ist es, die Zufriedenstellung des Kunden zu erzielen.

Die Kundenzufriedenheit ist einer der besonderen Größen im Kundenbindungsmanagement. Die Erwartungen des Kunden, so wie er sich das Geschäft vorgestellt hat, müssen durch die Leistungen des Unternehmens gedeckt werden.

Der Konsument hat eine große Auswahl von Anbietern, wenn er seine Einkäufe im Internet tätigt. Aufgrund dieser großen Auswahl ist es für den Verkäufer sehr schwierig, eine Kundenloyalität oder ein Bindung mit einem Kunden im Internet aufzubauen, da dieser innerhalb von Sekunden mit wenigen „Klicks" zur Konkurrenz wechseln kann. [47]

---

[47] Vgl. "o.V. (Harvard Business Manager)"; Kundenkarten, Loyalitätsprogramme im Internet

7.2 Was ist ein E-Loyalitätsprogramm?

Ein E-Loyalitätsprogramm ist eine Marketingstrategie, die erst seit den letzten Jahren so wirklich den Durchbruch gefunden hat.

In den Vereinigten Staaten gibt es diese Kundenbindungsstrategie mit dem E-Loyalitätsprogramm schon sehr lange und konnte deswegen schnell auf Deutschland übertragen werden.

Dies ist ein Bonusprogramm im Internet, das dem Anbieter einen gewissen Vorteil gegenüber der Konkurrenz verschaffen soll. Die Bindung zwischen Kunden und Unternehmen sollte in eine gewisse Abhängigkeit der beiden Parteien münden.

Seit dem der Internetmarkt einen hohen Stellenwert im Verkaufsbereich eingenommen hat, steigt die Zahl der Wettbewerber zur Gewinnung der Kundenbindung und Kundenloyalität immer stärker an. Gerade im E-Business ist dies sehr häufig der Fall.

Ein E-Business Unternehmen muss dem Kunden Gründe vorlegen können, aus denen sich einige Vorteile für ihn ergeben, so dass es sich lohnt dem Anbieter die Treue zu halten.

In Zeiten wie diesen sind langfristige Kundenbindungen ein entscheidender Erfolgsfaktor für ein Unternehmen, das am Markt bestehen will.

Die Absicht dieser strategischen Zielvorstellung ist es, einen Kunden langfristig an sein Unternehmen zu binden, da es fünfmal teurer ist einen Neukunden zu werben, als einen alten zu halten.

Dennoch kann die Einführung von E-Loyalitätsprogrammen für Unternehmen ein Tanz auf Messers Schneide sein.

Werden die sich immer mehr steigenden Erwartungen bei den heutigen anspruchsvollen Kunden nicht erfüllt, so kann der Schuss nach hinten losgehen.

Das Unternehmen müsste mit massiven Umsatzeinbrüchen rechnen, falls es dazu kommen sollte. Vor allem darf man die Motivation des Kunden nicht vergessen.

Daher muss man sich eine Frage stellen, falls man im Internetgeschäft erfolgreich E-Loyalitätsprogramme einführen möchte:

„Wie kann man möglichst viele Kunden dazu bewegen, E-Loyalitätsprogramm - Angebote zu nutzen?"

Eine Studie besagt, ein Erfolg kann nur erzielt werden, wenn man Preisnachlässe und andere Mehrwerte nur den Kunden anbietet, die auch die entsprechenden E-Loyalitätsprogramme nutzen. Dies könnte ein Bonus in Form von Preisnachlässen bei einer Internetbestellung sein.[48]

Die Grafik zeigt den Weg des Kunden vom Interessenten bis zum Empfehler. Man nennt sie auch die „Loyalitätstreppe des Kunden".

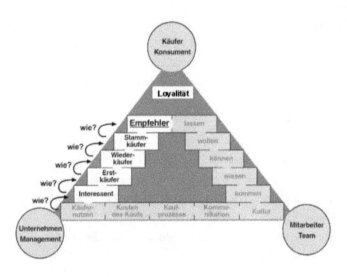

Abbildung 9: Die Loyalitätstreppe des Kunden [49]

---

[48] Vgl. "o.V. (International Customer Loyalty Programmes)"; Treue Programme
[49] Quelle: "o.V. (Sales Business): Das Entscheidermagazine für Vertrieb und Marketing: http://www.salesbusiness.de/cms/images/grafik_schueller5.gif

Die Vorteile von Anbietern, die mit solchen Bonusprogrammen arbeiten sind:

1. Gewinnung von Informationen über das Kaufverhalten
2. Gewinnung von Informationen über Kundenprofile

Zwei Beispiele (Webmiles und Happy Digits), auf die ich später noch eingehen werde, sollen verdeutlichen, wo und wie die Vorteile gegenüber den Kunden und den Unternehmen durch die Nutzung und Anbindung an ein E-Loyalitäts-programm aussehen können.

Anhand der Grafik ist gut zu erkennen, dass diese Marketingstrategie bei der deutschen Bevölkerung ankommt.

Abbildung 10: Die Deutschen im Sammelfieber [50]

---

[50] Quelle: "o.V. (TNS Emnid): Die Deutschen sammeln am liebsten Bonuspunkte;
http://www.loyaltypartner.com/img/press/download/EMNID_Sammelleidenschaft.jpg

Das Beispiel mit Rabattmarken ist eines der klassischen Varianten.

Häufige Kundenbindungsmaßnahmen sind:

- Kundenkarten, z. B. Payback, Webmiles, HappyDigits
- Online-basiertes, offenes Bonusprogramm Webmiles
- Vielfliegerprogramme (z. B. Miles & More von der Lufthansa)
- Couponing

Die häufige Nutzung derselben Gesellschaft (Internetseite) wird mit Rabatten in Form von Freiflügen, Prämien oder auch Gutscheinen belohnt, wodurch die Bindung zwischen dem Unternehmen und dem Kunden verstärkt wird.[51]

Die folgende Grafik zeigt die Rangliste derjenigen Bonusprogramme, welche die meisten Vorteile und Sympathien am Markt aufweisen.

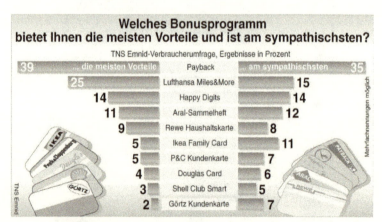

Abbildung 11: Vorteile und Sympathie der Bonusprogramme [52]

---

[51] Vgl. "o.V. (BayButler)"; Kundenbindung im Handel und Dienstleistungen
[52] Quelle: "o.V. (TNS Emnid): PAYBACK führt bei Kunden nach Vorteilen und Sympathie; http://www.loyaltypartner.com/img/press/download/EMNID_Vorteile_und_Sympathie.jpg

7.3 Beispiel Webmiles

Eines der erfolgreichsten Loyalitätsprogramme im Internet ist das System Webmiles. Es funktioniert so ähnlich wie das Programm Payback, das im März 2000 als neues E-Loyalitätsprogramm in Deutschland eingeführt wurde.
Webmiles ist eine Tochtergesellschaft des Bertelsmann-Konzerns.
Das Programm wurde speziell zum Zweck der Gewinnerzielung eingeführt.[53]

Abbildung 12: Logo des Loyalitätsprogramms Webmiles [54]

Die Ziele des Loyalitätsprogramms bestehen in erster Linie darin:

- Optimierung der Neukundengewinnung
- Verbesserung der Kundensteuerung
- Erhöhung der Kundenbindung
- Maximierung des Umsatzes
- Minimierung der Prozesskosten
- Abgrenzung zu Mitbewerbern [55]

Das System Webmiles ist mit seinen ca. 1,7 Millionen Kunden noch immer das führende deutsche webbasierte Bonusprogramm.[56]

---

[53] Vgl. "o.V. (Webmiles)"; Über Webmiles – Das Unternehmen
[54] Quelle: "o.V. (Netschool): Infos zu Webmiles;
http://www.netschool.at/castelli-online/permission-marketing/webmiles.gif
[55] Lauer, T.: Bonusprogramme, Aschaffenburg 2003, S.193
[56] Vgl. "o.V. (Webmiles)"; Über Webmiles – Das Unternehmen

Im Fokus liegt der Absatz von Produkten über das Internet.

Wie bei den herkömmlichen Sammelsystemen setzt Webmiles auch auf die Punkteverwaltung, die aber in diesem Fall internetgestützt abläuft.

Beim Bonusprogramm PayBack beispielsweise ist das Sammeln von Punkten nur mit der eigenen Bonuskarte möglich. Bei Webmiles ist bei der Online-Anmeldung nur der Benutzername und der dazugehörige PIN erforderlich.

Um an dem Bonusprogramm als Unternehmen teilzunehmen, hat man genau zwei Optionen:

- Eine feste, individuelle Partnerschaft
- Eine flexible Kooperation.

Große Unternehmen, wie z.B. ADAC, TUI, bücher.de, oder andere vergleichbare, sind fester Bestandteil des erfolgreichen Partnernetzwerkes.

Falls ein Kunde ein Produkt kauft oder die Dienstleistung von einem Anbieter in Anspruch nimmt, der in dem Partnernetzwerk integriert ist, wird er nach seinem Internetkauf mit Webmiles belohnt. Diese Bonuspunkte sammeln sich an und können dann auf der Interseite www.webmiles.de in Wunschprämien eingetauscht werden.[57]

Auf der Interseite wird mit Prämien vom iPod bis zur eigenen Insel geworben.

Die Besonderheit des Bonusprogramm Webmiles ist:

- Online basierend
- Ohne Kundenkarte anwendbar
- Sammeln der Bonusprämien bei über 135 Partnern möglich
- Einsetzen der Bonusprämien in einer Lotterie [58]

Falls Unternehmen am Loyalitätssystem Webmiles interessiert sein sollten, müssen sie die Internetseite www.webmiles.biz besuchen.[59]

---

[57] Vgl. Lauer, T.: Bonusprogramme, Aschaffenburg 2003, S.194
[58] Vgl. Lauer, T.: Bonusprogramme, Aschaffenburg 2003, S.195
[59] Vgl. "o.V. (Webmiles)": Mitglied werden

Am Beispiel des Konzerns Debitel soll der Ablauf eines solchen Vorgangs verdeutlicht werden.

Bei der Firma Debitel werden die Kunden durch den Rechnungsumsatz oder aber auch für einen Einkauf im Online-Shop belohnt. Falls man einen Freund als Neukunden wirbt, ist die Belohnung sogar besonders hoch (18.000 Webmiles).

Das Bonussystem verfügt aber auch noch über andere Vergütungsarten, nämlich die „TAN-Gutscheine". Sie dienen dem Unternehmen als kleine Marktforschungsanalyse, die sich wie folgt abspielt:
Die Kunden bekommen eine eMail in der einige Fragen zu beantworten sind. Falls sie diese beantworten, erhalten sie ein bestimmtes Guthaben an Bonuspunkten.

7.4 Beispiel Happy Digits

Das zweitgrößte Loyalitätssystem von nationaler Bedeutung ist HappyDigits.
Es wurde Ende Oktober 2001 gegründet und stammt von seinem Konkurrenten Payback ab.[60]

An dem Loyalitätssystem nehmen unter anderem teil:

- Karstadt
- Neckermann
- Quelle
- Schlecker
- Sixt
- T-Com
- T-Mobile
- Yello Strom

---

[60] Vgl. "o.V. (HappyDigits)"; HappyDigits

Das Sammeln von Punkten funktioniert bei diesem System folgendermaßen:

Die Kunden können mit nur einer Karte bei den jeweiligen HappyDigits Teilnehmern einkaufen, telefonieren oder aber auch eine Pauschalreise buchen, um mit den so genannten HappyDigits belohnt zu werden. Dabei spielt es keine Rolle, ob man persönlich vor Ort den Einkauf tätigt, per Telefon, Katalog oder online den Kauf vornimmt.

„Die CAP (Customer Advantage Program GmbH) ist die gemeinsame Betreibergesellschaft der Deutschen Telekom und KarstadtQuelle für das Bonusprogramm HappyDigits. Sie entwickelt und vermarktet das Bonussystem, ist verantwortlich für die Partnergewinnung und managt das Prämiensystem."[61]

Abbildung 13: HappyDigits Logo [62]

---

[61] "o.V. (HappyDigits)"; HappyDigits
[62] Quelle: "o.V. (CAP); Kundenbeziehungen managen:
http://www.customer-advantage.de/cap/media/HD_Label_4C_Kontur_hohe_aufloesung.jpg

8. Zusammenfassung und Ausblick

Obwohl es immer noch Unstimmigkeiten über die Darstellung des Begriffes eCRM gibt, hat sich die Wirtschaft dazu entschlossen, den Begriff dem Management zuzuordnen, anstatt wie in den Jahren davor dem Fachbereich Marketing.

Der Wechsel der Bereiche für diesen Begriff liegt daran, weil sich das eCRM in den letzten Jahren immer mehr als eine feste Größe in der Unternehmensstrategie etabliert hat.

Es ist ein unternehmensphilosophischer Ansatz, der in den Köpfen beginnt und in vielfacher Weise ökonomische Erfolgsgrößen mit erfasst.

Das Ziel jedes Unternehmens ist es also, die Daten von gewinnbringenden Kunden zu erfassen.

Um sie über einen längeren Zeitraum halten zu können, muss der Service des Unternehmens mit den Erwartungen des Kunden übereinstimmen.

Die beste Unternehmensstrategie ist die, den für das Unternehmen richtigen Kunden zu gestalten, so dass beide Seiten, Kunde wie auch Unternehmen sich einen gegenseitigen Mehrwert verschaffen.

Eine der wichtigsten Strategien, um im Internetgeschäft zu überleben ist, dass sich das Unternehmen an die Kunden wendet, die für Sie den höchsten Gewinn versprechen.

Weiterhin ist es lebensnotwendig, alles über seinen Kunden zu erfahren, zu analysieren und mit den entsprechenden Kundenbeziehungsmaßnahmen darauf zu reagieren.

Die Unternehmensabläufe müssen genau so geplant sein, dass Sie auf alle Informationen ihres Kunden eingehen, um somit den höchst möglichen Gewinn zu erzielen.

Dafür müssen aber auch wiederum alle für den Prozess benötigten Infos über den Kunden vorliegen.

Falls der Kunde vom Service und den auf ihn zugeschnittenen Angeboten eine gewisse Zufriedenheit ausstrahlt, profitiert das Unternehmen letztendlich auch.

Kunden, die zufrieden sind, werden auch meistens zu Wiederholungskäufern.

Zu wünschen wäre, dass ein Kunde das Produkt weiterempfiehlt und so oben an der Loyalitätstreppe des Kunden ankommt. Dies wäre das höchste Ziel eines Unternehmens.

Als Ausblick für die Zukunft kann man sagen, dass die Ausrichtung aller Aufgaben eines Unternehmens an den Bedürfnissen der Kunden nicht nur ein Garant für die Rentabilität eines Unternehmens ist, sondern einen sicheren Wettbewerbsvorteil verschafft.

Literaturverzeichnis

BLIGH, P.; TURK, D.: CRM Unplugged: Releasing CRM's Strategic Value, Hoboken / New Jersey 2004

EGGERT, A.; FASSOTT, G.: eCRM – Electronic Customer Relationship Management: Management der Kundenbeziehung im Internet-Zeitalter, Stuttgart 2001

FRITZ, W.: Internet Marketing, Braunschweig 2001

GENTSCH, P.: Kundengewinnung und –bindung im Internet, in: Schögel, M.; Schmidt, I. (Hrsg.): eCRM mit Informationstechnologien Kundenpotenziale nutzen, 2002

GODIN, S.: Permission Marketing, 2001

GOODMAN, J.: Basic Facts on Customer Complaint Behavior and the Impact of Service on the Bottom Line, 1999.

HIPPNER, H.; MARTIN, S.; WILDE, K. D.: Costumer Relationship Management, Wiesbaden 2001

HIPPNER, H.; MARTIN, S.; WILDE, K. D.: Customer Relationship Management – Strategie und Realisierung, in: Frielitz, C.; Hippner, H.; Martin, S.; Wilde, K. D. (Hrsg.): CRM, Absatzwirtschaft, Düsseldorf 2002

HOFMANN, M.; MERTIENS, M.: "Customer-Lifetime-Value-Management"; Wiesbaden 2000

HÜNERBERG, R.; HEISE, G.; MANN, A.: Handbuch Online-Marketing: Wettbewerbsvorteile durch weltweite Datennetze, Landsberg/Lech 1996

KÖHLER, R.: Kundenorientiertes Rechnungswesen als Voraussetzung des Kundenbindungsmanagements, in: Bruhn, M.; Homburg, C. (Hrsg.): Handbuch Kundenbindungsmanagement, 4. Auflage, Wiesbaden 2003

LAUER, T.: Bonusprogramme, Aschaffenburg 2003

MEFFERT, H.: Marketing – Grundlagen der Absatzpolitik; Wiesbaden 1991

MEFFERT, H.: Marketing: Grundlagen marktorientierter Unternehmensführung: Konzepte – Instrumente – Praxisbeispiele, 8. Auflage, Wiesbaden 1998

MEFFERT, H.: Marketing: Grundlagen marktorientierter Unternehmensführung, 9. Auflage, Wiesbaden 2000

NECKEL, P.; KNOBLOCH, B.: Customer Relationship Analytics, 1. Auflage, Heidelberg 2005

RITTERSHOFER, W.: Wirtschaftslexikon, Frankfurt 2002

THELEN, K.; WILKENS, C.: CLV-M basiertes Kundenmonitoring als innovatives Controlling-Instrument in Marketing und Vertrieb, in: Hofmann, M.; Mertiens, M. (Hrsg.) "Customer-Lifetime-Value-Management", Wiesbaden 2000

WIRTZ, B. W.: Electronic Business, 2. Auflage, Wiesbaden 2001

WIRTZ, B. W.: Kundenbindung durch E-Customer Relationship Management, in: Bruhn, M.; Homburg, C. (Hrsg.): Handbuch Kundenbindungsmanagement, 4. Auflage, Wiesbaden 2003

Internet - Quellen

KALDASCH, J.: IT-Infothek: Betriebswirtschaftslehre (Marketing), Distributionspolitik (Vertriebspolitik), Kommunikationspolitik; http://www.it-infothek.de/fhtw/semester_4/bwl_4_08.html#bwl_08_09; http://www.it-infothek.de/fhtw/semester_4/bwl_4_08.html; "Abrufdatum: 26.06.07"

KREUZ, P.; FÖRSTER, A.; SCHLEGELMILCH, B.: Customer Relationship Management im Internet. Grundlagen und Werkzeuge für Manager; http://www.crm-im-internet.com/crm-im-internet/wechselhuerden01.htm; "Abrufdatum: 13.06.07"

"o.V. (BAYBUTLER)": Kundenbindung im Handel und Dienstleistungen; http://www.baybutler.de/kundenbindung.htm; "Abrufdatum: 02.06.07"

"o.V. (CAP)": Kundenbeziehungen managen; http://www.customer-advantage.de/cap/media/HD_Label_4C_Kontur_hohe_aufloesung.jpg; "Abrufdatum: 10.06.07"

"o.V. (DER MARKETING-MARKTPLATZ)": Preispolitik – Grundwissen zum Marketing;http://www.marketing-marktplatz.de/Grundlagen/Preispolitik.htm; "Abrufdatum: 03.06.07"

"o.V. (FRAUENHOFER-GESELLSCHAFT)": Electronic Business Innovationszentrum; http://www.e-business.fhg.de/web/index.sxp; "Abrufdatum: 02.06.07"

"o.V. (HAPPYDIGITS)": HappyDigits; https://www.happydigits.de/servlet/hdhtml/index; "Abrufdatum: 10.06.07"

"o.V. (HARVARD BUSINESS MANAGER)": Kundenkarten,
Loyalitätsprogramme im Internet; http://www.loyaltypartner.com/de/download
/HarvardBusinessManagerDez2005.pdf; "Abrufdatum: 29.05.07"

"o.V. (INTERNATIONAL CUSTOMER LOYALTY PROGRAMMES)":
Treue Programme; http://www.iclp.ch/recognition-marketing.cfm;
"Abrufdatum: 26.06.07"

"o.V. (MWM Group)": Kundenzufriedenheitsstudie;
http://www.mwmgroup.de/mediac/400_0/media/DIR_5204/Kette~
Kundenwert.jpg; "Abrufdatum: 14.06.07"

"o.V. (SALES BUSINESS)": Das Entscheidermagazin für Vertrieb und
Marketing; http://www.salesbusiness.de/cms/images/grafik_schueller5.gif;
"Abrufdatum: 17.06.07"

"o.V. (SPIEGEL ONLINE)": Online Marketing Report;
http://www.onlinemarketingreport.ch/online-marketing-allgemein/epic-2015-
stellt-sich-als-wahr-heraus.html; "Abrufdatum: 25.05.07"

"o.V. (TNS EMNID)": Die Deutschen sammeln am liebsten Bonuspunkte;
http://www.loyaltypartner.com/img/press/download/EMNID_Sammelleidenschaft
.jpg; PAYBACK führt bei Kunden nach Vorteilen und Sympathie;
http://www.loyaltypartner.com/img/press/download/EMNID_Vorteile_und_Symp
athie.jpg; "Abrufdatum: 30.06.07"

"o.V. (WEBAGENCY)": Electronic Commerce Informationspool;
http://www.webagency.de/infopool/e-commerce-knowhow/ak981021.htm;
"Abrufdatum: 22.06.07"

"o.V. (WEBMILES)": Über Webmiles – Das Unternehmen;
http://www.webmiles.de/app/wm/show/unternehmen.jsp; "Abrufdatum: 29.06.07"

www.ingramcontent.com/pod-product-compliance
Lightning Source LLC
La Vergne TN
LVHW042127070326
832902LV00037B/1195